AF607756

Y ¡PUM! Un tiro al pajarito

Primera edición: junio 2024

info@preguntaediciones.com
www.preguntaediciones.com

ISBN: 978-84-19766-45-8
Depósito legal: Z-1152-2024

Printed in Spain. Impreso en España por Estilo Estugraf Impresores

Sandra Santana

Y ¡PUM! Un tiro al pajarito

PREGUNTA

Calca el poema el mundo que no existe.
Ernesto Carrión

Ven, dame la mano
¿Qué mano?
Juan Eduardo Cirlot

I

Soñó que metía la mano en la cartera del timador y le robaba una muela que todavía conservaba un pedazo de carne. Ahora el hueco estaba en su boca. Al quitarle la muela se había llevado también la ausencia de ella.

LAS NIÑAS CORRETEABAN LIBREMENTE SOBRE EL PAPEL PERSIGUIENDO AL CISNE MEDIO DESPLUMADO Y ADMIRANDO LA LUZ SOBRE LA HIERBA CUANDO UN RAMALAZO DE VIENTO LAS ENVOLVIÓ DE PRONTO Y SE LAS LLEVÓ EN VOLANDAS

Es que es impresionante, Fedro,
lo que pasa con la escritura.
Platón

Uno y tres. La idea, la cosa y lo que no es la cosa, pero se le parece. O no se le parece, pero nos lleva de modo vertiginoso hasta ella. Ya lo dijo Kosuth: silla. Ya lo dijo Shakespeare: de esa madera están hechos nuestros muebles, de la intangible.

BLANCAFLOR SE LEVANTÓ BIEN LA FALDA Y LES MOSTRÓ SU SECRETO: «LA BELLEZA ESTÁ SIEMPRE PRESENTE, PERO SÓLO PARA QUIENES SABEN ORIENTARSE SIN TEMOR EN LA OSCURIDAD DE SUS DOMINIOS»

No existía el azar aquella noche.
Thomas Pynchon

¿Se cierra o se abre el círculo? Míralo bien: precisamente aquí, en este juego obsceno de las analogías, en la ambigua seducción de los signos, reside el blablablá del mundo.

LA PALABRA CORAZÓN PASA POR TU BOCA COMO UN POTRILLO HAMBRIENTO, COMO UNA GRAN SOLEDAD, COMO UNA GRAN VENGANZA, COMO UNA GRAN VERGÜENZA IRREPARABLE

Y, de nuevo, ¿acaso no era aquella mirada idéntica a esta con la que años después atrapa el pastel con firmeza mientras se humedece los dedos? Nuestro repertorio de gestos no es infinito, en ocasiones dos sonrisas iguales unen estancias lejanas de modo inconveniente. En resumidas cuentas, ¿no satisfacía él ahora, al acercarse la mano a la boca, el hambre de otro postre?

INEVITABLEMENTE EN LA CIUDAD SE OLVIDA LA VASTEDAD DE LA TIERRA INHABITADA. LOS CAMPOS DIBUJAN LÍNEAS DE FUGA HACIA LO IMPENSADO

La maceta que sale disparada desde el cuarto de hotel hacia el desierto. La mariposa que vuela de la bolsa de tela hacia los túneles del metro. La ceguera del pájaro al entrar en la habitación y chocar contra la estricta geometría de paredes y techos.

AQUEL VERANO REZAMOS SIN SABERLO A SANTA GEMA GALGANI, PATRONA DE LOS VENDEDORES DE HUEVOS Y DIAMANTES, DE LOS MÁS ALTOS IDEALES Y DE LOS BLANCOS FRUTOS SURGIDOS DE LOS MÁS NEGROS ORIFICIOS DE LA ANIMALIDAD

¿Que la portera guarda una gallina en el sótano? Sí, es cierto, así de plumífera y sucia es la verdad, así de oscura. ¿Y no da huevos? No, no da huevos porque donde no hay luz —ni siquiera luz artificial— no hay vida.

SIEMPRE UN PASO MÁS ALLÁ, EN LAS ALTURAS, LIBRES AL FIN DE LA CONCATENACIÓN DE CAUSAS DEL PASADO DISPUESTAS PARA ESQUIVAR EL MISTERIO

Pero no siempre se acierta. A veces se puede ver el recorrido exacto, la elevación y el descenso marcados con nitidez en el aire y, sin embargo, caer al agua. Porque perdiste la concentración, porque después de todo —de esto se ocuparán de informarnos cuando lleguemos empapados a la orilla— no había puente.

Y MIENTRAS TODO AQUELLO SUCEDÍA, LAS MIRADAS DEL LECTOR Y DEL ENAMORADO LLAMABAN CON INSISTENCIA A LAS PUERTAS DE LO NUNCA VISTO

No fue el iris, sino la pupila lo que le hizo perder la concentración. Su fantasía —rápida, rápida— había actuado directamente sobre la realidad y se concentraba en esa parte negra e invariable del ojo a modo de tragaluz. Experimentó una ligera sensación de vértigo al sentir cómo su propio cuerpo la seguía jadeante, buscando algún punto donde detenerse.

2

Los signos abren el papel como se abre la boca en el rostro. ¿Pero qué es lo que sale por esa cavidad oscura? Una hormiga, una medusa, un cactus y hasta el agua podrida del grifo. Un continuo coro de sonidos sin centro, una enorme muestra zoológica atravesando el tracto único de la garganta y apoderándose secuencialmente de la voz.

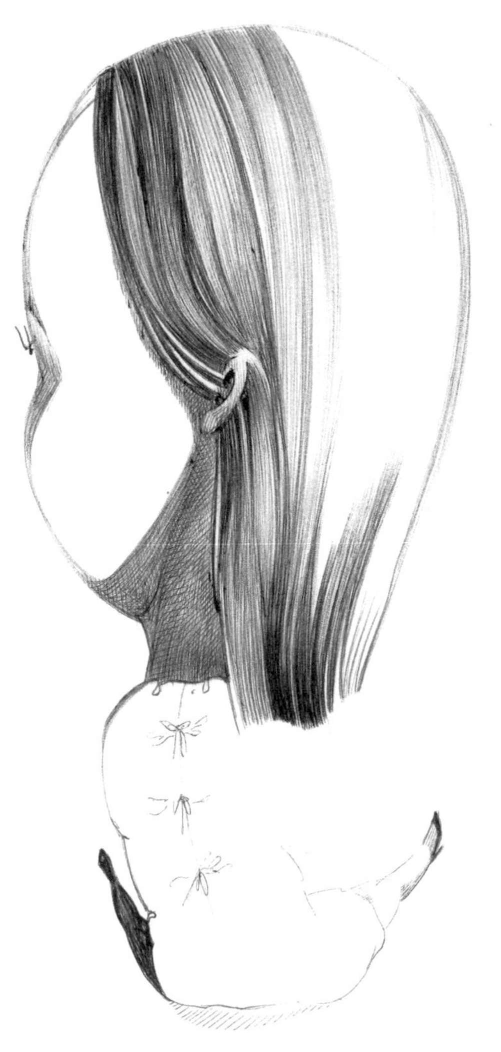

TODAS LAS MENTES SE ABREN Y CIERRAN AL COMPÁS DEL SONIDO PAJARÍSTICO DE LA LENGUA: LA LENGUA SE SUELTA Y COMIENZA A MOVERSE DENTRO DE LA BOCA

El cuerpo se mueve siguiendo un pulso imperceptible. Silencioso, el zapato de Piet Mondrian marca, arriba y abajo, el compás del *boogie-woogie*. Y tú ahora estás aquí, y aquí, y aquí, y aquí, y aquí. Así que bailas, en cierto modo, en sentido figurado, en el mejor de los sentidos, ¡oh sí!, el *boogie-woogie*.

¿Y la mano de Mallarmé?
¿La mano de Yeats?
¿La mano de Juan Luis Martínez?
¿La mano de Mondrian?
¿Qué movía todas esas manos?

¡El misterio del mundo las movía!
¡Los muertos silenciosos las movían!

El lenguaje moviéndose, cosquilleando
la lengua en la boca del lenguaje.
El pajarístico, el imparable ritmo
del *boogie-woogie*.

EFECTIVAMENTE, LA FANTASÍA ERÓTICA ES EL ESPACIO DONDE CON MAYOR CLARIDAD LAS RUTAS DEL SUEÑO Y LA VIGILIA SE MUESTRAN COMO UNA ANCHA CARRETERA DE DOBLE DIRECCIÓN

Imposible reprimir aquel repentino exceso de sudoración. Su lengua no estaba allí y, sin embargo, podía sentir con total nitidez una tibia humedad en el cuello.

TIPOLOGÍA DE LAS CINTAS INVISIBLES QUE APRISIONAN LAS MUÑECAS Y TOBILLOS DE QUIENES PASEAN CON SANDALIAS Y VESTIDOS LIVIANOS SIN SABERSE OBJETO DE UNA COMPOSICIÓN

De haber reconocido antes alguna violencia en aquella mínima presión sobre la piel que no dejaba marca se habría liberado de ella. Como de las sandalias que ahora descansan sobre la alfombra, junto a la mesa del arquitecto.

HIJOS QUE SOMOS DE ULISES, AQUEL ORGULLOSO DE PODER BATIR A CUALQUIERA SEGANDO TRIGO CON UNA BUENA HOZ EN UN LARGO DÍA SIN COMER DESDE EL ALBA HASTA EL CREPÚSCULO

Existía un lugar en el que podían verse cruzar con insistencia las direcciones de un pájaro (en el cielo), un tren (atravesando la vías, bajo el puente) y un coche (por la carretera situada al frente). Sentía cierto alivio al avanzar mientras cada elemento continuaba su rumbo y la abandonaba (después de coincidir alargando al infinito un brevísimo instante) con la intuición de que en cualquier momento aquel encuentro podía volver a producirse.

EN ALGUNOS LUGARES DEL TEXTO SE DESPIERTA SOBRESALTADA Y ESCUCHA EL SONIDO DE LAS PUERTAS CERRÁNDOSE INTEMPESTIVAMENTE

En los espejismos surgidos del texto jamás brilla el verdadero sol. El universo entero, en miniatura, reside en la noche de la mente. ¿Son los paisajes de la locura de Nerval los paisajes de nuestra locura?

El SOL de Nerval

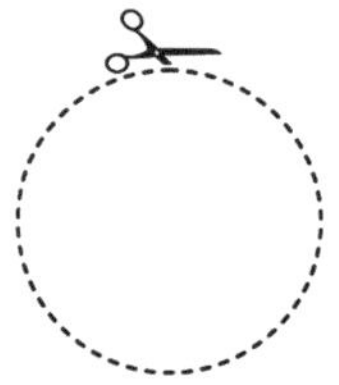

[Recorte por la línea de puntos
y deje pasar un rayo de luz]

El texto caliente se cierra.

SE HABÍA MARCHADO Y, SIN EMBARGO, EL AIRE SE AGITABA EN EL HUECO QUE HABÍA DEJADO SU FIGURA

El dedo rozaba la superficie metálica del telefonillo. Este gesto le concedería por un momento cierta superioridad sobre el objeto de su deseo. Al presionar el botón, automáticamente, dejaría todo lo que estaba haciendo para acudir a la puerta y hablarle a través del auricular.

VOLVIENDO AL TEMA DE LOS TÚNELES DESCONOCIDOS EN EL INTERIOR DE LOS CUERPOS EN APARIENCIA SÓLIDOS Y SIN MÁS CAVIDADES QUE LAS DE LA TRANSFORMACIÓN DEL AIRE Y LOS FLUIDOS

La extraña figura formada por un cuerpo irreconocible. Los brazos junto a las piernas y el movimiento de cualquier dedo hacia la puerta, hacia la ventana, hacia el techo. La presión de la lengua sobre una superficie mínima abriendo direcciones invisibles, secretas a los túneles de la voluntad. El giro imposible de la cabeza hacia atrás, rompiendo el cuello en la sábana luminosa. Y otra vez, el regreso al punto de partida interior. El cansancio dolorido de los miembros. El ilimitado azul. Las nubes capaces de innumerables colores y formas sobre los tejados. Líneas pensadas previamente sobre un plano de papel en tantos tiempos, por tantos arquitectos.

3

La cáscara de las almendras tostadas se deshace con un movimiento de los dedos. Así de sencilla es la metamorfosis, así de fácil se accede a la naturaleza blanca y rugosa del fruto. La costra que se desprende una vez que la herida está curada. Nada debajo: una fina superficie algo más clara que el resto de la piel.

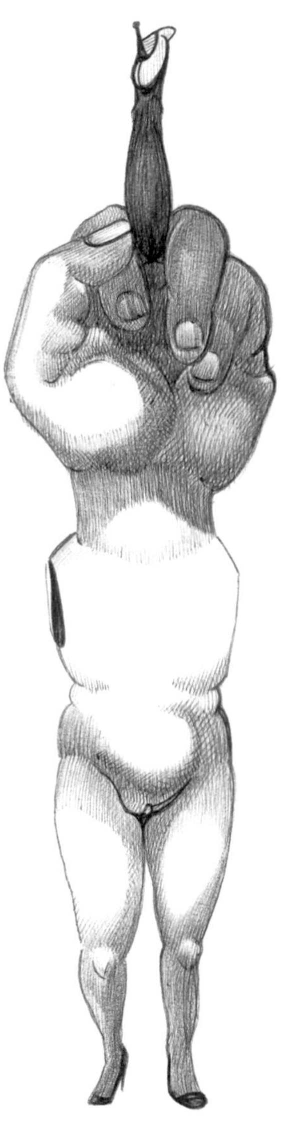

¡LLORAD, ESTÚPIDOS! ¡PERO LLORAD CON LÁGRIMAS DE LIMÓN Y MIEL! ¡LLORAD CON LÁGRIMAS COMO TRENZAS DE COLEGIALA! ¡CON LÁGRIMAS QUE SE LLENAN CON LOS PÁJAROS DEL CIELO Y ESTALLAN Y SE MULTIPLICAN, Y BRILLAN POR UN MOMENTO TANTO QUE NOS DEJAN CIEGOS PARA LAS COSAS DE LA RAZÓN!

El corazón de Nezahualcóyotl me lo como yo
todas las mañanas en el desayuno.
Lo saco de su mudez todas las mañanas.

Habla aquí el corazón del indio, y dice:

Quetzalcóatl
tiene plumas hermosas y eternas
para quien mira al cielo,
para quien doblega la cabeza
sólo tiene escamas.

Yo, que he ido y he vuelto de la casa del dios,
os digo:

dejad que vuestro corazón devore el mundo,
rápido, antes de que anochezca.

Sonríe mi boca devoradora de corazones.
Las palabras, como pájaros, volando sobre el cristal.

LO QUE EL VERTEBRADO MÁS SOFISTICADO TIENE EN COMÚN CON UN MOLUSCO GASTERÓPODO: CURIOSAS ANALOGÍAS DE LA HISTORIA NATURAL

Las gafas y el pañuelo fueron cuidadosamente escogidos para negar la herencia de aquel vergonzoso antepasado común. Con el olor salino de la costa, sin embargo, se muestra impasible la carne blanda emergiendo desde la sombra húmeda de la camisa.

SI NO TE OCUPAS DE LA POLÍTICA, ALGÚN DÍA LA POLÍTICA SE OCUPARÁ DE TI: UN APUNTE SOBRE LA IDIOTEZ, LA MÁS ENTERNECEDORA Y CRUEL ENFERMEDAD ENDÉMICA DEL SER HUMANO

Si el mismo cuerpo que alza el puño se golpea la cabeza con insistencia y saña, ¿para qué? ¿Cree que así podrá detener la revuelta? El corazón es frágil (brota un hilo de agua hacia el margen del ojo) pero continúa duro, como una piedra.

LOS AFECTOS TRISTES NOS DEVORABAN UNA Y OTRA VEZ COMO FIERAS, COMO ANIMALES SIN ROSTRO

Con un disparo al aire la multitud rápidamente se dispersa: monedas y palabras salen por todas las bocas y se derrumba la monumental estructura de la injusticia. La composición del pulso bajo la ropa, la respiración del animal imprimiendo un movimiento simultáneo y acompasado en nuestro pecho.

«¿DÓNDE VAS A IR TÚ, TONTA? TE COMERÁN LOS LOBOS». PERO LA TONTA AVANZABA HACIA EL PELIGRO COMO LOCA, CEGADA POR LA BLANCA DENTADURA DE SUS ENEMIGOS

Sabía que siguiendo sus propias indicaciones, tras una cuidadosa preparación de todos los elementos previamente dibujados sobre el papel, habría de quedar atrapada. El dolor de la herida producida por el cepo la sorprendió, sin embargo, como una cifra anotada con otro propósito (un número de teléfono, la fecha olvidada de un cumpleaños) al margen del plano meticulosamente trazado.

EL HORÓSCOPO ACIERTA AZAROSAMENTE EN SU PRONÓSTICO: «PERO EL DESEO ES RÁPIDO, AY, SE DESBORDA OBSTINADO CUANDO LLUEVE»

La misma pared blanca separa la habitación del comedor. El mismo muro, el cálido y limpio interior del piso y la fría acera donde los perros depositan sus excrementos. Esa distancia infranqueable entre la tenue vaguedad de las visiones y la realidad que viene a regalarnos con sus extraños e impredecibles frutos negros.

DURANTE ALGUNOS INSTANTES, SU PECHO SE AGITABA MÁS RÁPIDAMENTE, SUS SENOS SE HINCHABAN, Y LUEGO EL PAJARITO EMERGÍA POR SU BOCA SACUDIENDO LAS ALAS

Ella necesitaba tanto entonces que acariciasen su lomo animal y limpiaran las legañas de sus ojos niños. Es decir, ella necesitaba tanto entonces creer en que la voz del pájaro le revelaría al oído el gran misterio. Y ¡PUM! Un tiro al pajarito. Se desvaneció la sonrisa detrás de la sonrisa.

4

El final de la velada fue sorprendente. Fuera del coche la luz del atardecer tomó por un momento el matiz de apertura del amanecer. Como si ahora fuera posible salir de allí y marchar hacia atrás sonriendo en la blancura del paisaje: las señales de prohibición y las extrañas vacas de los campos, grandes cuerpos calientes mirando hacia la infinitud del pasto.

COMO UN CORCEL NEGRO AL GALOPE POR LAS PRADERAS DE SUS OJOS: «¡QUE NO TE ABRACE NADIE! SI ALGUIEN TE ABRAZA, ME OLVIDARÁS»

Ondea en el agua el doble puente arrojado sobre el río. Por ese mismo camino, de ida y vuelta, el que ahora está a tu lado se despide y regresa con un rostro distinto, atravesando su imagen fantasma.

EL ARTE DE PRODUCIR FENÓMENOS EN APARIENCIA MARAVILLOSOS E INEXPLICABLES: ESCAPISMO, DESAPARICIONES, UNIONES, PARTICIONES DE LO QUE CONTINÚA UNIDO, TRANSFORMACIONES, LECTURAS DE LA MENTE, SALTOS TEMPORALES, ETC.

Los gigantescos aviones se vuelven diminutos de repente e imponen —desde su posición de manchita ridícula en el cielo— distancias inmensas. Las azafatas, con un movimiento invisible, hacen desaparecer maletas tras una cortina; entregan un pasaje hacia lugares construidos con los materiales borrosos y titilantes de la imaginación a quien hace apenas un momento se sentaba fuera, a nuestro lado, mirando el cambiante espectáculo del vestíbulo.

LA PÁGINA ERA EL ESCENARIO, LA IMAGEN DOBLE DE SUS EMOCIONES. LO COMPLETABAN SIRVIÉNDOSE DE UNA PEQUEÑA LÁMPARA Y HACIENDO SOMBRAS CHINESCAS CON LOS DEDOS SOBRE EL PAPEL EN BLANCO

Y DESPUÉS DE TANTO TIEMPO CONTINUAMOS LEYENDO COMO SI NO HICIÉRAMOS OTRA COSA QUE APRENDER A LEER

De pronto ese mecanismo sencillo, ese modo de encontrar un agujero en la pared y girar la llave sobre sí misma, ya no funciona como antes. La cerrazón insistente de las cosas, el giro incompleto, el extraño obstáculo que le impide dar la vuelta entera. La tentación de irrumpir a cabezazos, con insistencia, de renunciar a la herramienta y oponer todo el peso del cuerpo ante las dificultades etéreas de lo simbólico.

PUERTAS SECRETAS SE HAN ABIERTO CUYO POMO NO ALCANZA A GIRAR LA MANO DEL DESTINO. ¿Y ENTONCES? ¿CÓMO CRUZAR ENTONCES UN UMBRAL TAN LEJANO, OCULTO EN LA ESPESURA DEL VASTO CORAZÓN?

Tras beber agua del pozo, descubrió que los signos se volvían capaces de adquirir cualquier sentido. El paisaje se abrió en explosión como una fruta carnosa caída en el suelo. Las estrellas se le mostraron como vértices deslumbrantes de infinitas figuras simultáneas.

ZOILA AUGUSTA EMPERATRIZ CHÁVARRY DEL CASTILLO, MÁS CONOCIDA COMO YMA SUMAC, ALCANZA CINCO OCTAVAS Y ABRE UNA SELVA DONDE LOS PIES ADQUIEREN LIGEREZA Y BRÍO

Estar aquí y estar allí. Ese es el secreto de la gran pista de baile del espíritu: que donde el cuerpo no, allí sí. Allí, donde todo es verde y frondoso y no molestan los insectos, ni la lluvia acatarra, ni la tierra hiere la piel descalza. Liberarse de la cárcel del texto sin atravesarlo. Quedarse en él, bailando enloquecidamente y sin propósito en los cientos de caminos que lo cruzan a la vez en varias direcciones.

Índice

Este libro se terminó de imprimir
el 13 de junio de 2024,
ciento cincuenta y nueve años después
del nacimiento del poeta
William Butler Yeats.

Títulos publicados

PREGUNTA
ediciones

Relatos

Las pérdidas rojas. Chusa Garcés
Cuentos detrás de la puerta. Begoña Abad
Amor, blanco roto. Chusa Garcés
Letras de tinta. Lourdes Aso Torralba
Baños de Panticosa. Premios Literarios. Varios autores
Sobreexposición. Laura Bordonaba Plou
Desde el otro lado. Prosas concisas. Fernando Aínsa
Buscando los orígenes de aquello. Irene Achón, María Jesús Artigas, Alberto Delmalo, Ana García, Coral González, Anabel Hernández, Aitana Muñoz, María José Pardo, Eva Pardos, Elisa Pérez, Manuel Pinos, Pilar Royo
Brioleta. Encuentro de escritoras aragonesas. Lourdes Aso Torralba, María Pilar Benítez Marco, Elena Gusano Galindo, Chusa Garcés, Blanca Langa Hernández, Angélica Morales, Marta Navarro, Almudena Vidorreta
Los soñadores. Roberto Malo
Bilbilitanos en la historia. Ricardo Ramos Rodríguez
El dolor del cristal. Sergio Royo
Polar. Laura Bordonaba Plou
La prueba final y otras historias cortas. Ganadores del Certamen de Cuentos y Relatos Breves Junto al Fogaril
Viviendo en tiempo brutal. Sergio Royo
Contemplación. Franz Kafka
Zaragoza turbia. José María Tamparillas
Sabor metálico. Eva Pardos Viartola
Cuentos esféricos. Chema González
Canciones tristes que te alegran el día. Miguel Mena
Todo es agua. Begoña Fidalgo
Mar de lejos. Manuel Pinos
Y de repente esta lluvia. Sergio Royo
De bares y mujeres. Marta Armingol, Olga Asensio, Laura Bordonaba Plou, Clara Castán Ibarz, Begoña Fidalgo, Paula Figols, Chusa Garcés, Magdalena Lasala, Elvira Lozano, Rosa Martínez, Angélica Morales, Eva Pardos Viartola, Clara S. Mendívil, Laura Serrano
Diáspora. Isabel Gutiérrez Cía
Relatos de La Flama. María Jesús Artigas, Emilia Bayod, Marta Gascón, Clara Járboles, Merche Llop Alfonso, Abraham José Mendoza Diloy, Eva Pardos Viartola, Alfredo Pérez, Elisa Pérez Ibarra, Manuel Pinos, María José Sanjuán, Wenceslao Varona López, Gloria Verdoy
Un martes cualquiera. Laura Latorre Molins
Con voz y voto. Pioneras americanas del relato social y la ciencia ficción y tres piezas del teatro sufragista británico. Edición de Isabel Alquézar y Berta Lázaro
Todos los crímenes del mundo. Sergio Royo

Novela

El último concierto de David Salas. Roberto Malo
Crónica de un deseo. Antonio Ventura
Verde mar del norte. Clara Castán Ibarz
La brújula del universo. Mario de los Santos
El eco entre la bruma. Ricardo Ramos Rodríguez
Las sombras del Imperio. Ricardo Ramos Rodríguez
La movida que te salvó. Mariano Pinós
Merecer la vida. Laura Serrano
Cariñena. Antón Castro
Los días blancos. Marta Armingol
Declive. Fernando Rivarés
Canciones ligeras. Miguel Mena
Hannibaal. Miguel Carcasona
Inventario de monos. Galgo Cabanas (Mario de los Santos y Óscar Sipán)
De viento y sal. Clara S. Mendívil
Jimena. Magdalena Lasala
Catorce. Paula Figols
El silencio y su canción. Ángel Gracia
Marta. Víctor Juan
La nota muerta. Rosa Martínez
Para cenar, aire. Pedro Bosqued
Las batallas perdidas. Jaime Tomás
La fugitiva. Clara Járboles
Alcohol de quemar. Miguel Mena
La casa de los dioses de alabastro. Magdalena Lasala
Tristán. La ética del monstruo. Javier Romero Collazos
Puente de Hierro. Miguel Mena
Máscara. Ricardo Ramos Rodríguez
Leopardos en el diván. Gonzalo Fontana Elboj
Lucífugo. José María Tamparillas
Bendita calamidad. Miguel Mena
La estirpe de la mariposa. Magdalena Lasala
El colapso de la colmena. Julia Jiménez Carrera
Los Hijos de Hura. Abdelrahim Kamal
Dinero caído del cielo. Reyes Salvador
No podría estar más contenta. Marisol Aznar y María Frisa
Leitmotiv. Sergio Sarsa
Profanación. Ramón Acín
Onda Media. Miguel Mena
Proyecto Sada. Javier Gastón
La vista atrás. Laura Serrano
Pájaros azules en Roma. Miguel Ángel Nievas

Poesía

Litiasis. Manuel M. Forega
Todas las religiones son una / No hay religión natural. William Blake
Estoy poeta (o diferentes maneras de estar sobre la Tierra). Begoña Abad

AntiaéreA. Encuentro poético en Zaragoza. Carmen Camacho, Alicia García Núñez, Marta Navarro, Chus Pato, Inés Povar, Miriam Reyes, Sandra Santana, Hermanas del Hambre (Elisa Berna y Charo de la Varga)
Todo estalla dicho. Elvira Lozano
La experiencia de la poesía. Ángel Guinda
AntiaéreA II. Poesía encontrada en Zaragoza. Ajo, Eva Antón Bravo, Zhivka Baltadzhieva, Isabel Bono, Javier Corcobado, Cristina Járboles, Laia López Manrique, David Mayor, Carmen Ruiz Fleta
Diez años de sol y edad. Antología 2006-2016. Begoña Abad
Alud. Javier Fajarnés Durán
Los países de piedra. Pablo Javier Pérez López
Existe algún lugar en donde nadie. Juan Pablo Roa
Te mataré mientras vivas (Coronación supersónica). Raúl Herrero
La ciudad y el cuchillo. Javier Fajarnés Durán
Vidrieras. Laurent Tailhade
El tiempo de las alambradas. Antología poética. Antonio Orihuela
Esta vida verde. Antología poética. Lyn Coffin
Las palabras son nocivas. Antología poética. Amador Palacios
Las locuras ya no son locuras. Antología poética. Ferruccio Brugnaro
El techo de los árboles. Begoña Abad
Satirologio. Epigramas del siglo XXI. José Verón Gormaz
Caballo de mina. Gerardo Vacana
Big Bang. José Luis Esteban
Los signos en el agua. Noventa y nueve poemas. Joaquín Sánchez Vallés
Avanza el olvido. Javier Ramón Jarne
Fábrica de la seda. Miguel Ángel Curiel
Casa junto al arrecife. Enrique Ariño Gil
Trivium. Marcos Castillo Monsegur
El lenguaje de las ballenas. Begoña Abad
El libro de horas. Rainer Maria Rilke
Gran Guiñol. Miguel Ángel Ortiz Albero
Cantares y presagios. José Verón Gormaz
Marcha por el desierto. Sandra Santana
Una guitarra de contrabando. Gerardo Vacana
Diccionario de garzas y de mirlos. Pablo Javier Pérez López
Piedra y tijeras. Nacho Tajahuerce
#MedeaHaVuelto. Angélica Morales
Madres. Begoña Abad
Todas las moradas de mi aliento. Jacques Meylan
Razón de espera. Rafael Lobarte Fontecha
Poesía. Guido Cavalcanti
Tránsito. María Pilar Martínez Barca
Viejo. Sergio Gómez
Barro. Miguel Ángel Curiel
Historia del mundo antiguo. Joaquín Sánchez Vallés
Este día, este momento. Juan Pablo Roa
El miedo del doble a la soledad. Rosa Martínez
Un vuelo sin la mecánica adecuada. Pecker

Brioleta volumen 2. Poesía aragonesa en femenino. Carmen Aliaga, María Pilar Benítez Marco, Mar Blanco, Marta Domínguez Alonso, María Dubón, Ana Giménez Betrán, Reyes Guillén, Blanca Langa Hernández, Angélica Morales, Trinidad Ruiz Marcellán, Helena Santolaya y Carlota Urgel
Entre el huerto y el corral y otros versos. Gerardo Vacana
Cantar cuarenta. Cancionero completo 1983-2023. Gabriel Sopeña
Sálvida. Sofía Díaz Gotor
La fuerza de la tierra. Paula Martínez
Ahab. Antología poética. Carlos Ramos
Enseres del invierno. Miguel Carcasona
A la izquierda del padre. Begoña Abad
La muerte se llama Juan. Joaquín Sánchez Vallés
Y ¡PUM! Un tiro al pajarito. Sandra Santana

Libro ilustrado

El dibujante de relatos. Antón Castro y Juan Tudela
La península de Cilemaga. Helena Santolaya
Marcianos. Sergio Algora y Óscar Sanmartín
La odisea de Fortunato. Pere Inglés y David Girón

No ficción

Reconstrucción. Miguel Ángel Ortiz Albero
Sahara Occidental. Cuarenta años construyendo resistencia. Varios autores
Residencia y tránsito de las letras en Aragón. Fernando Aínsa
Diario de campo de un psicólogo en un club de fútbol. Luis Cantarero
Marcelino. Muerte y vida de un payaso. Víctor Casanova Abós
Aragón en el sistema solar. Carlos Garcés Manau
Los poetas malditos. Paul Verlaine
Poetas y poéticas. Ensayos. Amador Palacios
Del espejismo de la revolución a la venganza de la victoria. Guerra y posguerra en Barbastro y el Somontano (1936-1945). José María Azpíroz Pascual
Nerín. Memorias compartidas. Varios autores. Edición de Rafael Latre
Sahara Occidental. Del abandono colonial a la construcción de un estado. Varios autores
El hombre elefante. Frederick Treves
Pasaron por aquí. Antón Castro
Nacer para aprender, volar para vivir. Un acercamiento a la poesía de Begoña Abad. José María García Linares
¡Cállate, papá! Padres y violencias en el fútbol industrial. Luis Cantarero
Metodologías activas en el aula. Innovación educativa para fomentar el aprendizaje Significativo del alumnado. Pablo Usán Supervía y Carlos Salavera Bordás (coords.)
Gamificación educativa. Innovación en el aula para potenciar el proceso de enseñanza-aprendizaje. Pablo Usán Supervía y Carlos Salavera Bordás (coords.)
El viaje exterior. Ensayos censores IV. Manuel Martínez-Forega
Teruel. Otra dimensión. Juan Villalba Sebastián
Opiniones de mujeres. María Domínguez
La guerra de los robots. Cómo la tecnología está cambiando los conflictos armados. Francisco Rubio Damián
La escritura por venir. Ensayos sobre arte y literatura en los siglos XX y XXI. Sandra Santana

La vida al alcance de la mano. La discapacidad a través de mi historia. Álex Sánchez
El viaje exterior. Ensayos censores v. Manuel Martínez-Forega
El camino de la serpiente. Escritos ocultistas. Fernando Pessoa
La jota, aragonesa y cosmopolita. De San Petersburgo a Nueva York. Marta Vela
El bazar infinito. Rutas y mares entre Oriente y Occidente. Alberto Cebrián
Ríos que mueren sin mar. Viaje por las culturas de Asia central. Enrique Ariño Gil
Humanizar el fútbol. Deporte y transformación social. Julio Salinas y Luis Cantarero (coords.)
Tú eres antes que todo. Correspondencia de Ramón Acín y Conchita Monrás. Víctor Juan
Adolescentes del siglo XXI. Técnicas de liderazgo parental. Marisa Felipe
Aurora y la celiaquía. Laura Marín
Zaragoza. Historias de ida y vuelta. Miguel Mena
Aragón. Formas de ser. Miguel Mena
Viaje al mar. Diario de un nabatero. Kike Fernández
Un violinista en el Titanic. Tribulaciones de un heterodoxo. Ángel Garcés Sanagustín
Diario del último año. Florbela Espanca
Juan de Velasco, primer maestre de campo de la Ciudadela de Jaca. Marcos Mayorga
Creatividad de andar por clase. Asunción Porta
Albarracín. Un viaje en el tiempo. Juan Villalba Sebastián
Diálogos en cautividad. Antón Castro
Deambulatorio. Miguel Ángel Ortiz Albero
Mauricio Aznar y Almagato. La historia. Jaime González
Máquinas que cuentan historias. La inteligencia artificial y la literatura del futuro. Varios autores
Cincuenta estaciones europeas. Catedrales de la modernidad. Alfonso Marco
La jota, aragonesa y liberal. Zaragoza, Madrid y París. Marta Vela

Infantil

La Dama, el Duende y el Rey. Tres leyendas aragonesas. Roberto Malo, José María Tamparillas, Daniel Tejero y David Guirao
Moflete, el elegante. Agustín Porras y Arturo García Blanco
La ardilla poeta y el futuro del planeta. Pilimar Aguilar y Xcar Malavida
Moflete ya sabe contar. Agustín Porras y Arturo García Blanco
Agentes del futuro. María Frisa y Xcar Malavida
Minicó dice no. Nerea Mur
El príncipe que cruzó allende los mares. Roberto Malo, Francisco Javier Mateos y David Guirao
De tu abrazo a las estrellas. Victoria Alcalde y Ruth Alarcón
Mocoloco y Flemalarga. Nines Barcelona y Nerea Mur
San Jorge y el dragón. Daniel Nesquens y David Guirao
Antes de las nueve. Pablo Ferrer, Paula Figols, Marina Santos, Christian Peribáñez y Zaira Andrés
Erny, el monstruo de la Laguna Negra. María Álvarez e Irene Campos
Lex, el Tiranosaurio Rex. Roberto Malo, Daniel Tejero y Blanca Bk
La ardilla poeta y su libro de recetas. Pilimar Aguilar y Xcar Malavida
Un viernes soleado. Pepe Serrano y Raquel Samitier
Mika, el niño fantasma. Daniel Tejero y Bernal